VENTE DES 6, 7 ET 8 AVRIL 1882

ESTAMPES

DU XVIIIᵉ SIÈCLE, EN NOIR ET EN COULEUR

PORTRAITS

DE MARIE-ANTOINETTE, DE LOUIS XVI

ET DE LA FAMILLE ROYALE

PIÈCES HISTORIQUES SUR LA RÉVOLUTION

COSTUMES — CARICATURES — MODES

LIVRES ILLUSTRES

Collection de M. P.

Avril 1882.

M. MAURICE DELESTRE
COMMISSAIRE-PRISEUR
27, rue Drouot.

M. L. DUMONT.
MARCHAND D'ESTAMPES
Quai des Grands-Augustins, 21.

PARIS

Vente des 6, 7 et 8 Avril 1882

ESTAMPES

DU XVIIIᵉ SIÈCLE, EN NOIR ET EN COULEUR

PORTRAITS

DE MARIE-ANTOINETTE, DE LOUIS XVI

ET DE LA FAMILLE ROYALE

PIÈCES HISTORIQUES SUR LA RÉVOLUTION

COSTUMES — CARICATURES — MODES

LIVRES ILLUSTRÉS

Provenant de la Collection de M. P.

DONT LA VENTE AURA LIEU

HOTEL DES COMMISSAIRES-PRISEURS, RUE DROUOT, Nº 9

SALLE Nº 4

Les Jeudi 6, Vendredi 7 et Samedi 8 Avril 1882

A UNE HEURE ET DEMIE PRÉCISE

Mᵉ **MAURICE DELESTRE** | **M. L. DUMONT**
COMMISSAIRE-PRISEUR | MARCHAND D'ESTAMPES
Rue Drouot, 27. | Quai des Grands-Augustins, 21.

PARIS. — 1882

CONDITIONS DE LA VENTE

Elle sera faite au comptant.

Les adjudicataires payeront *cinq pour cent* en sus des enchères.

M. L. Dumont, chargé de la vente, se réserve la faculté de rassembler ou de diviser les lots.

ORDRE DES VACATIONS

Jeudi	**6 avril**. — École française. . .	Nos 1	à 243
Vendredi 7 avril. — École française. . .	Nos 244	à 486
Samedi	**8 avril**. — École française. . .	Nos 487	à 550
—	— Pièces historiques. .	Nos 551	à 664
—	— Livres illustrés.. . .	Nos 665	à 705
—	— Gravures en lots.		

DÉSIGNATION

ESTAMPES

ALIX

1 — Mirabeau, — Montaigne, — Racine. Trois pièces en couleur.

> Belles épreuves.

2 — Le beau Dunois. Suite de quatre pièces en couleur, d'après Mallet.

> Très belles épreuves, grandes marges.

3 — J. C. Le Vacher de Charnois, d'après Violet. En couleur.

> Très belle épreuve, petites marges. Rare.

ANONYMES

4 — Naissance de Henriette de France. Pièce allégorique, en largeur.

> Très belle épreuve, grandes marges.

5 — Le grand Condé. Portrait équestre.

> Très belle épreuve avant la lettre.

6 — La Souricière. Pièce curieuse, en couleur.

> Belle épreuve, encadrée.

7 — Voltaire causant avec des paysans au milieu d'une campagne. Pièce gravée à l'eau-forte.

> Très belle épreuve, marges. Rare.

AUDRAN

8 — Les Batailles d'Alexandre, d'après Lebrun. Six pièces.
Belles épreuves.

BALÉCHOU

9 — Sainte Geneviève, d'après Vanloo.
Belle épreuve, marges.

BAUDOIN

10 — L'Amour frivole, par Beauvarlet.
Très belle épreuve avec le nom de Boucher, marges.

11 — Les Amours champêtres, par Choffard.
Belle épreuve.

12 — La même estampe, par Harleston.
Très belle épreuve, toutes marges.

13 — Marchez tout doux, parlez tout bas, par Choffard.
Belle épreuve.

14 — Le Poète Anacréon, par Delaunay.
Très belle épreuve, grandes marges.

15 — L'Epouse indiscrète, par Delaunay.
Très belle épreuve, sans marges.

16 — Le léger Vêtement, par Chevillet.
Très belle épreuve, petites marges.

17 — Annette et Lubin, par Ponce.
Très belle épreuve, toutes marges.

18 — Le Coucher de la Mariée. Gravé à l'eau-forte, par J.M. Moreau, terminé au burin par Simonet.
Très belle épreuve, marges.

19 — Les Cerises, par Ponce.
Très belle épreuve, toutes marges.

20 — La Rencontre dangereuse, par Le Veau.
Très belle épreuve, toutes marges.

21 — La Sentinelle en défaut, par Delaunay.
Belle épreuve, marges.

BEAUVARLET-CARS.

22 — Repas donné par Esther à Assuérus, — Enlèvemen t
d'Europe, — Vente de poisson, par Chédel, — Entrevue
de Jacob et de Rachel. Quatre pièces.

> Belles épreuves.

BELLANGE (artiste du xviie siècle)

23 — Les Sens. Cinq pièces (costumes).

> Très belles épreuves, marges. Très rares.

BENAZECH

24 — Le Couronnement de la Rosière, — Le Prix de l'agri-
culture. Deux pièces en couleur.

> Très belles épreuves.

BERTHAULT

25 — Vue perspective de la place Louis XV et du pont
Louis XVI.

> Très belle épreuve.

BLANCHARD

26 — La Madone de saint Sixte, — Sainte Juste, — Diane,
par Leroux, — Naissance de Henri IV. Quatre pièces.

> Belles épreuves.

BLONDEL

27 — Vue de la salle du bal construite dans la cour de l'Hôtel de Ville.

> Très belle épreuve ancienne, grandes marges.

28 — Vue perspective d'une des salles de la place Louis-le-
Grand, — Vue perspective de l'intérieur de la salle de la
place Dauphine. Deux pièces.

> Très belles épreuves anciennes, grandes marges.

29 — Fêtes données par la ville de Paris à l'occasion du mariage de Madame Louise Elisabeth de France avec Don
Philippe, infant d'Espagne. Trois pièces.

> Très belles épreuves anciennes, grandes marges.

BOILLY

30 — Marche incroyable, par Bonnefoy.

    Belle épreuve, marges.

31 — Prélude de Nina, par Chaponnier.

    Très belle épreuve, marges.

32 — La Serinette.

    Très belle épreuve, marges.

BOISSIEU (DE)

33 — Le Charlatan, d'après Karel du Jardin.

    Très belle épreuve ancienne, marges.

34 — Vieux mendiant, — Vue de l'Ile Barbe à Lyon, — Le joueur de musette, etc. Quatre pièces dont deux avant la lettre.

    Très belles épreuves, marges.

BOLSWERT

35 — Départ de l'Enfant prodigue, — L'Enfant prodigue en débauche. Deux pièces.

    Très belles épreuves.

36 — Les Ascètes. Vingt pièces.

    Belles épreuves.

BONNART-COURTIN-RAOUX.

37 — Ce chien qui m'obéit est la parfaite image, etc. — Aimable Corybante au gracieux visage, — Loin de sa Mère, amour est un malin garçon, — Tendre Fillette en âge d'être aimée, — Lorsque sur ses vieux jours d'une femme on fait choix, — Ce petit écureuil est la parfaite image, — Fille qui pour amant choisit un joli page, — Quoi donc, vous méprisez ma flamme et mes soupirs, — Pourquoi laisser périr une beauté fragile, — En vain Chloris affecte un air simple et modeste. Suite très curieuse de dix pièces.

    Très belles épreuves, marges.

BONNET

38 — L'Amour prie Vénus de lui rendre les armes, d'après
Boucher. Aux trois crayons.

Très belle épreuve, marges.

39 — Le Repos de Vénus, d'après Boucher. Aux trois crayons.

Très belle épreuve, marges.

40 — Jeune femme sur un lit, d'après Boucher. Aux trois
crayons.

Très belle épreuve, marges.

41 — Le Midi, — L'Après-midi. Deux pièces en couleur,
d'après Challe.

Belles épreuves.

42 — La Danse. Très jolie pièce en couleur.

Superbe épreuve, marges. Rare.

43 — Têtes de femme, d'après Le Clerc, — Le Prince, —
L'Amour et Vénus, d'après Natoire. Quatre pièces.

Belles épreuves, marges.

44 — Etudes pour les demoiselles. Deux pièces.

Belles épreuves.

45 — La Complaisance paternelle, d'après Saint-Quentin, —
L'étude de la sculpture, d'après Le Clerc, — Bastienne,
d'après Huet, — Satyre et Bacchante, d'après Caresme.
Quatre pièces.

Belles épreuves, marges.

46 — Groupe d'Amours, d'après Boucher.

Très belle épreuve, grandes marges.

47 — Cahier de principes de paysage au lavis, — Etudes. Ensemble, dix-huit pièces.

Belles épreuves.

BOREL

48 — J'y passerai, par Delaunay.

Très belle épreuve, toutes marges.

BOSIO

49 — Le Lever des ouvrières en linge, — Le Coucher des ouvrières en linge. Deux pièces en couleur.

> Très belles épreuves, grandes marges.

BOSSE (ABR.)

50 — Les Eléments. Quatre pièces.

> Belles épreuves, grandes marges.

51 — La Saignée.

> Très belle épreuve, avec l'adresse de Leblond, marges.

52 — L'infirmerie de l'hôpital de la Charité.

> Belle épreuve, grandes marges.

53 — Retour de l'Enfant prodigue chez son père.

> Très belle épreuve, avec l'adresse de Leblond.

54 — *Les Sens.* — Le Goût, — L'Ouïe, — La Vue, — L'Odorat. Quatre pièces.

> Belles épreuves, avec l'adresse de Mme Tavernier, petites marges.

55 — La Parabole du mauvais riche et de Lazare. Suite de trois pièces.

> Très belles épreuves, avec l'adresse de Leblond.

56 — Les Vierges sages et les Vierges folles. Suite de sept pièces.

> Très belles épreuves, coupées au trait carré.

57 — *Les Œuvres de miséricorde,* — Vestir les nuds, — Loger les pèlerins, — Ensevelir les morts. Trois pièces.

> Belles épreuves, avec l'adresse de Leblond.

58 — L'Ariane de M. Desmaretz. Seize pièces, d'après Vignon.

> Très belles épreuves, toutes marges.

59 — Vignettes pour un roman de chevalerie, d'après Vignon.

> Très belles épreuves, marges.

BOUCHER

60 — Les Amours pastorales. — Groupe d'Amours. Cinq pièces.

> Belles épreuves.

BOUCHER

61 — La Baigneuse surprise, par Daullé. — Groupe d'Amours.
Deux pièces.

> Belles épreuves.

62 — Jeune femme avec un berger, — Jeunes femmes au bord
d'une rivière, — Vue du pont des Lavandières. Trois
pièces.

> Belles épreuves, marges.

BOUILLARD

63 — Jugement de Salomon, — Moïse et Pharaon, — Le
Christ au tombeau, — Naissance de Jésus-Christ, — La
Vierge et l'enfant, — Sainte Cécile, etc. Huit pièces, dont
cinq avant la lettre.

> Belles épreuves, marges.

CALLOT (Jacques)

64 — La Parabole de l'Enfant prodigue. Suite complète de onze
pièces.

> Très belles épreuves du 2ᵉ état avant les numéros, toutes marges.

65 — Le Martyre des Apôtres. Suite complète de seize pièces.

> Très belles épreuves, marges.

66 — Le Massacre des innocents. Deux épreuves différentes, —
Combat à la barrière, — Entrée de Son Altesse à pied.
Quatre pièces.

> Très belles épreuves, marges.

67 — Fantaisies. Dix-huit pièces.

> Belles épreuves avant le numéro.

68 — Les Gueux ou mendiants. Vingt-cinq pièces, — Les Mar-
tyrs. Treize pièces et le titre.

> Très belles épreuves, marges.

CANOT

69 — Le Repas de famille.

> Belle épreuve avant la lettre.

CANOT

70 — Le Déjeuner de Ferney, — Voltaire.
> Très belle épreuve, grandes marges.

CARESME

71 — La Culbute imprévue, gravé en couleur par Morret.
> Très belle épreuve, grandes marges.

72 — Les Amants satisfaits, gravé en couleur par Phelipeau.
> Très belle épreuve, grandes marges.

CARICATURES

73 — La Vraie queue du diable. Pièce curieuse et rare.
> Très belle épreuve, toutes marges.

74 — La Sérénade inattendue, — Voilà les Anglais, — Le Cauchemar, — Bal à l'Opéra, etc. Six pièces coloriées.

75 — Album comique. Treize pièces coloriées.

76 — La Vaccine en voyage. Coloriée.
> Très belle épreuve.

77 — La Vaccine en voyage, — Triomphe de la petite vérole. — L'Origine de la vaccine, etc. Quatre pièces coloriées.
> Très belles épreuves.

78 — La Vaccine ou l'inoculation à la mode. — Admirable effet de la vaccine, — Le *Nec plus ultra*. Trois pièces coloriées.
> Très belles épreuves.

79 — La Dindonnade ou la rivale de la vaccine, — Sept contre un ou le comité de la vaccine, etc. Quatre pièces coloriées.
> Belles épreuves.

80 — Un Anglais, — Milord Pouf, — Le Départ. — Milord Court, etc. Six pièces coloriées.
> Belles épreuves.

81 — La Collation anglaise, — Anglais à la promenade, — L'Anglais à Paris, — L'Après-dîner des Anglais, — Le Contre-temps, etc. Cinq pièces coloriées.
> Belles épreuves.

CARICATURES

82 — Réunion à la mode de 1801, — La Société littéraire, —
Artistes, voilà vos juges, — Le Sort des artistes, — Calicot,
double calicot. Six pièces coloriées.

> Belles épreuves.

83 — Départ, — Retour du musicien de Russie, — L'Encan
poétique ; — sur l'abbé Delille. Six pièces coloriées.

> Belles épreuves.

84 — L'Ouverture du bal, — La Fin du bal, — La Première
entrevue, — Le Gastronome satisfait, — Les Amateurs, —
Le Serment des claqueurs, — Les Claqueurs en déroute, etc.
Huit pièces coloriées.

> Belles épreuves.

85 — Les Cosaques en Champagne, — Grotesques, etc. Dix
pièces coloriées.

> Belles épreuves.

86 — L'Ami de la maison, — Concert du faubourg Saint-Ger-
main, — Bal de la Courtille, de Sceaux, etc. Dix pièces
coloriées.

> Belles épreuves.

87 — La Lecture du journal, — Où allons-nous ? — Combat de
la Quotidienne, — Pomme de l'Isère, — Avantages d'une
bonne constitution, — Le Transfuge, etc. Dix pièces coloriées.

> Belles épreuves.

88 — Le Jeu des sages, — Le Délassement des politiques, —
Visite au grand papa, — La Bienvenue. Quatre pièces coloriées.

> Belles épreuves.

89 — Les Métiers. Suite complète de douze pièces. — Arts et
métiers. Suite de six pièces. Ensemble, dix-huit pièces, par
Gaillot.

> Très belles épreuves, toutes marges. Rares.

CARICATURES ANGLAISES

90 — *Gillray*. — Dilettanti theatricals. Coloriée.
Très belle épreuve, grandes marges.

91 — Middlesex, élection, 1804. Coloriée.
Très belle épreuve, toutes marges.

92 — Scientific researches, — The new invented sociable,
Deux pièces coloriées.
Belles épreuves, grandes marges.

93 — *Gillray*, — *Cruskhank* — Specimens of Walsing. Mou-
linet. Deux pièces coloriées.
Très belles épreuves, toutes marges.

94 — L'Assemblée nationale, — Grand cooperative meeting
at Saint-Anns hill. Coloriée.
Très belle épreuve, marges.

95 — The Genius of France, — The dayly advertiser, — Shrine
at Saint-Anns'hill. Trois pièces curieuses sur la révolution. Coloriées.
Très belles épreuves, toutes marges.

96 — Coriolanus addressing the plebeians, — Drury-Lane
Masquerade, — The sailor and the field preacher, — Anglo-
gallic salutations, etc. Six pièces coloriées.
Belles épreuves, marges.

97 — A royal Dandy, — A french elephant. Deux pièces coloriées.
Très belles épreuves, grandes marges.

98 — Poste en Irlande, — En Écosse, — Sujets de chasse.
Sept pièces coloriées.
Belles épreuves.

99 — *Rowlandson*, Docteur Syntaxe. Suite complète de trente
pièces en couleur.
Très belles épreuves.

100 — The midshipmens' Birth. En couleur.
Très belle épreuve, toutes marges.

CARICATURES ANGLAISES

101 — *Gillray*. Preleminaries of peace, — Irish union, — An
irish howl, etc. Dix pièces coloriées.
> Très belles épreuves, toutes marges.

102 — L'Insurrection de l'Institut amphibie, — Les plaies d'E-
gypte, — Uncorking old sherry, — Two pair of portraits, —
etc. Dix pièces coloriées.
> Très belles épreuves, toutes marges.

103 — Evidence to character, — Prudent secession, Pigs meat,
etc. Dix pièces coloriées.
> Très belles épreuves, toutes marges.

104 — The bond street Battalion, — The brazen image, — Po-
liteness, etc. Vingt-cinq pièces en noir et en couleur.
> Belles épreuves.

105 — Catholic emancipation, — Confederated coalition, etc.
Dix pièces coloriées.
> Très belles épreuves, toutes marges.

106 — The people favorite Fox, — The new minister, — The
modern punch maker, etc. Vingt pièces coloriées.
> Belles épreuves.

107 — Thin king-Club, — Tapping, — Stops, — The Wobl-
sack, etc. Dix pièces coloriées.
> Belles épreuves, marges.

108 — Living made easy, — Suite complète de douze pièces, —
Lexicographical, — Suite de quatre pièces. — The heiress,
— Suite compète de six pièces, — Ensemble, vingt-deux
pièces coloriées.
> Très belles épreuves.

CARICATURES SUR LE ROI GEORGES, LA REINE CAROLINE, etc.

109 — Grand entrance to Bamleoogl' em mother wood, — Tra-
velling in Germany, etc. Douze pièces coloriées.
> Très belles épreuves.

CARICATURES SUR LE ROI GEORGES, LA REINE CAROLINE, etc.

110 — A Late arrival at mother woods Public Opinion, — The guardian angel, — A royal salut, etc. Dix pièces coloriées.

> Très belles épreuves.

111 — Steward's court of the manor of torre devon, — Saint-Stephens Bell-man, — The secret insult, etc. Dix pièces coloriées.

> Très belles épreuves.

112 — Noces Royales, — Economie, — Intérieur d'un boudoir anglais, etc. Sept pièces coloriées.

> Très belles épreuves.

CARICATURES SUR BONAPARTE, LE ROI JOSEPH, etc.

113 — *Rowlandson*, England invaded or frenchmen naturalized, en couleur.

> Très belle épreuve, grandes marges.

114 — *Cruskshandk*, The rogues march from Madrid to Paris— Josephs Flight, etc. Dix pièces coloriées.

> Très belles épreuves.

115 — Birth of Bonaparte, — The devils darling, — Polar Star, — Armes de Bonaparte, etc. douze pièces coloriées.

> Très belles épreuves.

116 — Nap and his friends in their glory, — The Corsican Tiger, etc. Dix pièces coloriées.

> Très belles épreuves.

117 — The mock phœnix, — The double humbug, — Friends and foes, etc. Dix pièces coloriées.

> Très belles épreuves, toutes marges.

118 — Armed heroes. Citizen Volpone and sa suite à Paris, — The plumb-pudding in danger, etc. Huit pièces coloriées.

> Belles épreuves.

CHALLE

119 — Le Désir amoureux, par Mixelle. En couleur.

Très belle épreuve avant que le groupe ait été supprimé.

120 — Le Midi, — L'Après-midi, par Bonnet. Deux pièces en couleur.

Belles épreuves, marges.

121 — Le Panier renversé.

Très belle épreuve coupée à l'ovale.

122 — Le Souvenir agréable, — Le repos interrompu. Deux pièces en couleur, par Vidal.

Très belles épreuves, marges.

CHAPUY

123 — Vue du château de Versailles du côté de la grille du dragon, — Vue du château de l'Orangerie. Deux pièces en couleur.

Très belles épreuves, grandes marges.

CHARDIN

124 — Le Château de Cartes, par Fillœul.

Très belle épreuve, grandes marges.

125 — Etude du dessin, par Lebas.

Très belle épreuve, marges.

126 — Dame prenant son thé, par Fillœul.

Très belle épreuve.

CHEVILLET

127 — Le Charme de la musique.

Très belle épreuve, marges.

128 — La Beauté dangereuse, d'après Santerre.

Très belle épreuve, marges.

CHOFFARD ET DUPLESSIS-BERTAUX

129 — Promenade aux haras, d'après Carle Vernet.

Très belle épreuve, toutes marges.

CHOFFARD

130 — Plan, coupe, et élevation de la nouvelle Eglise Ste-Geneviève. Quatre petites pièces de forme ronde avec un encadrement ornementé.

> Superbes épreuves, toutes marges. Rares.

COCHIN

131 — Tombeau du Maréchal de Saxe.

> Très belle épreuve à l'état d'eau-forte pure, grandes marges. Rare.

132 — Paysages. Suite de six pièces.

> Belles épreuves, grandes marges. Rare.

133 — Le Jeu de la comète.

> Très belle épreuve, toutes marges. Rare.

COMMARIEUX

134 — Ah s'il y voyait, d'après Vincent. En couleur.

> Belle épreuve aucienne, grandes marges.

COQUERET

135 — Le Gastronome en jouissance, d'après Carle Vernet. En couleur.

> Très belle épreuve, toutes marges.

COUTELLIER

136 — Mlle Olivier, de la Comédie-française. En couleur.

> Superbe épreuve avant les mots : dans le rôle de Chérubin, etc., grandes marges. Rare en cette condition.

COUVAY

137 — Le Palais des facultés de l'âme, d'après Huret.

> Belle épreuve, petites marges.

COYPEL

138 — L'Air grave que je fais paraître, par Lépicié.

> Très belle épreuve, marges.

139 — Don Quichotte. Vingt pièces par Surugue, Cochin, etc.

> Belles épreuves, toutes marges.

COYPEL

140 — L'Adieu d'Hector et d'Andromaque, — Colère d'Achille. Deux pièces par Tardieu.

Belles épreuves, marges.

141 — Jeux d'enfants, par Lépicié.

Belle épreuve, remargée.

DARCIS

142 — Les Payables. En couleur.

Très belle épreuve, grandes marges.

DAULLÉ

143 — La Ménagère flamande, — Les Plaisirs flamands. Deux pièces, d'après Teniers.

Belles épreuves, marges.

DAUMONT (à Paris, chez)

144 — Le grand café d'Alexandre sur les boulevards de Paris.

Belle épreuve. Rare.

DEBUCOURT

145 — La Croisée. En couleur.

Belle épreuve, grandes marges.

146 — La Femme et le Mari ou les époux à la mode. En couleur.

Très belle épreuve, marges.

147 — La même estampe. En noir.

Très belle épreuve, marges.

148 — Le Gourmand. En couleur.

Très belle épreuve, toutes marges.

149 — La matinée du jour de l'an ou la porte d'un riche.

Très belle épreuve.

150 — Le Jour de l'an.

Très belle épreuve, lettres grises, toutes marges.

DEBUCOURT

151 — L'École en désordre, — Le baiser surpris, — L'horoscope. Trois pièces.

Belles épreuves. Rares.

152 — La Perruque enlevée. En couleur.

Très belle épreuve, toutes marges.

153 — Son Altesse royale Madame la duchesse d'Angoulême consolant l'aveugle du Sichon, d'après Echardr, — Illumination de la grande cascade de St-Cloud. Deux pièces en couleur.

Belles épreuves. Rares.

154 — Héro et Léandre. Deux pièces in-quarto, en couleur.

Très belles épreuves avant la lettre, petites marges.

155 — Scène dans la campagne. En couleur.

Belle épreuve. Rare.

156 — Militaires de la garde impériale russe et allemande. En couleur.

Très belle épreuve, grandes marges.

157 — Barrière des Champs-Elysées, — Joly, acteur du Vaudeville. Deux pièces.

Belles épreuves. Rares.

158 — Les Aveugles, d'après Vernet. En couleur.

Belle épreuve.

159 — Le Joueur de cornemuse, d'après C. Vernet. En couleur.

Très belle épreuve, marges.

160 — Route de Saint-Cloud, d'après C. Vernet. En couleur.

Très belle épreuve, grandes marges.

161 — Route de Poissy, d'après C. Vernet. En couleur.

Belle épreuve, grandes marges.

162 — Route de poste, d'après C. Vernet. En couleur.

Très belle épreuve, grandes marges.

DEBUCOURT

163 — Le Marchand de chevaux normands, d'après C. Vernet.
  Très belle épreuve, grandes marges.

164 — Fin de la Course, d'après C. Vernet.
  Belle épreuve, marges.

DELAUNAY

165 — Les Vierges sages et les Vierges folles.
  Très belle épreuve avant la lettre, grandes marges.

DELLA BELLA

166 — Recueil de divers griffonnements, — Fêtes, — Animaux, — Frises, etc. A Paris, chez Basan. Quarante sujets sur douze feuilles, plus le titre.
  Très belles épreuves, toutes marges.

167 — Sujets divers. Vingt-deux pièces.
  Très belles épreuves.

DEMARTEAU

168 — Madame Favart, dans le rôle de Ninette à la cour, d'après Boucher (179).
  Très belle épreuve.

169 — Madame de Pompadour, d'après Boucher. Aux trois crayons.
  Très belle épreuve.

170 — Madame de Chateauneuf, d'après Boucher. Aux trois crayons (510).
  Très belle épreuve.

171 — Jupiter et Léda (468), — Naissance de Vénus. Deux pièces, d'après Boucher. Aux trois crayons.
  Très belles épreuves.

172 — La Leçon de flûte, — Jeunes femmes couchées, d'après Boucher (550-551). Aux trois crayons.
  Belles épreuves.

DEMARTEAU

173 — Femme debout, drapée, d'après Boucher. Aux trois crayons. — Groupes d'amours, d'après Boucher. Ensemble trois pièces.

  Belles épreuves.

174 — Jeune femme surprise par un berger, d'après Boucher, — Femme couchée et deux Amours (47), d'après Boucher.

  Très belles épreuves, grandes marges.

175 — La Jardinière (101), — Jeune fille près d'une cage (102), — Vénus couchée, — Jeune femme avec un troupeau (166) etc. Cinq pièces, d'après Boucher.

  Belles épreuves.

176 — Jeune femme portant un enfant dans une hotte (44) — Femme dormant avec son enfant (82), — Joueur de musette (80), — Jeune femme avec des enfants près d'une barrière (81), — La Pipée (130). Six pièces, d'après Boucher, du cabinet de Mme d'Azincourt.

  Très belles épreuves, marges.

177 — La Jardinière (48), — La Peinture (136), — Études (160), — Vénus couchée, etc. Cinq pièces, d'après Boucher.

  Belles épreuves.

178 — Femme lisant, d'après Leprince (337), — Têtes et Études, d'après Boucher, Leprince, Cochin, Van loo, etc. Cinq pièces.

  Belles épreuves.

179 — Satyre et Bacchante, d'après Caresme, — Le Plaisir innocent, d'après Huet. Deux pièces. Aux trois crayons.

  Belles épreuves.

180 — Portrait de Mme Huet, d'après Huet. Aux trois crayons.

  Très belle épreuve.

181 — Amour pleurant. — Amour lançant une flèche (491-492), — Jeune femme avec un enfant (569). Trois pièces, d'après Huet. Aux trois crayons.

  Belles épreuves.

DEMARTEAU

182 — Têtes d'études, d'après Boucher, Leprince. Aux trois crayons. Quatre pièces.

> Belles épreuves.

183 — F. P. Rubens, d'après Watteau, — Études, d'après Van-loo, Boucher, etc. Douze pièces.

> Belles épreuves.

DEPEUILLE (à Paris, chez)

184 — Le Sérail ou le Turc à Paris. En couleur.

> Très belle épreuve, grandes marges.

185 — Femmes d'aujourd'hui, — Femmes d'autrefois. En couleur.

> Très belle épreuve, grandes marges.

186 — Offande à Priape, — Offrande à l'Amour, Deux pièces. en couleur.

> Très belles épreuves, marges.

187 — Petit Lever des grisettes de Paris. Pièce très curieuse. En couleur.

> Très belles épreuves, toutes marges.

DEQUEVAUVILLIERS

188 — Le Midi, d'après Berghem.

> Très belle épreuve avant la lettre, grandes marges.

DESCAMPS-DUMÉNIL

189 — Le Négociant, — Le Traitant, — Le Maître de danse, etc. Six pièces.

> Belles épreuves.

DESNOYERS

190 — La Vierge à la Chaise, d'après Raphaël.

> Belle épreuve, avec le cachet.

DESPLACES

191 — Chasse au lion, — Chasse au tigre. Deux pièces, d'après Parrocel.

> Belles épreuves, marges.

DESRAIS

192 — Mademoiselle Clairon, couronnant Voltaire sur la scène
du Théâtre-Français.
  Très belle épreuve.

DIETRICY

193 — La Grotte des nymphes, — Les Bergers au repos, —
Paysanne au bord d'une rivière. Trois pièces.
  Très belles épreuves, marges.

DORIGNY

194 — Satyres et Nymphes. Dix pièces gravées par Chapron.
  Très belles épreuves, marges.

195 — Sujets religieux. Quatre pièces.
  Très belles épreuves.

DREVET-EDELINCK

196 — L. A. de Noailles, — Saint Louis en prière. Deux
pièces.
  Belles épreuves, marges.

DUCLOS

197 — Mars et Vénus, — Satyre fouettant une femme, —
Satyre et sa famille. Trois pièces.
  Belles épreuves à l'état d'eaux-fortes pures, marges.

DUFLOS (à Paris, chez)

198 — Le Grand Vent. Pièce curieuse et rare.
  Très belle épreuve, grandes marges.

DUGOURE

199 — Un Tendre engagement va plus loin qu'on ne pense.
  Très belle épreuve avant la lettre, marges.

200 — Le Lever de la Mariée, par Trière.
  Très belle épreuve avant la lettre, marges.

DUJARDIN (Karel)

201 — Animaux, — Paysages. Cinquante pièces.
  Belles épreuves.

DUNKARTON

202 — Le Roi Henri IV exposé dans une chapelle ardente.
Très belle épreuve, marges.

DUPLESSIS-BERTAUX

203 — Scènes de la Révolution française. Trois pièces.
Belles épreuves à l'état d'eaux-fortes pures.

204 — Le Bénédicité, — La Jeune Nourrice. Deux pièces.
Belles épreuves avant la dédicace.

DUPONT (Mme)

205 — La Beauté charmée, — L'Amour aveugle. Deux pièces
en couleur.
Belles épreuves, marges.

EAUX-FORTES MODERNES

206 — Sujets divers, par Lançon, Bonvin, Martial, etc. Dix
pièces.
Belles épreuves.

207 — Les Membres du gouvernement provisoire, — Arrivée
de S. A. R. le duc de Bordeaux à Chambord, par Isabey, —
Achille Fould, d'après Delaroche. Trois pièces.
Belles épreuves.

ÉCOLE ANGLAISE

208 — Alexandre et Apelles, sujets mythologiques. Quatre
pièces dont une en couleur.
Belles épreuves, marges.

209 — Henri et Emma, — Femmes en promenade, — Poésie,
etc. Quatre pièces en couleur.
Belles épreuves.

ÉCOLE ITALIENNE

210 — Le Denier de César, — Le Christ au tombeau, —
Diane et ses nymphes, — Les Disciples d'Emmaüs. Quatre
pièces.
Belles épreuves.

EISEN

211 — L'Amour en ribote, par Halbou.
Très belle épreuve, grandes marges.

212 — Amusement de la Jeunesse. Deux pièces , par Carmona.
Très belles épreuves, petites marges.

213 — Les trois Grâces. Projet de fontaine.
Très belle épreuve, toutes marges.

214 — Le Bouquet, par Daudet.
Belle épreuve, grandes marges.

EISEN-FILLŒUL

215 — L'Accord de mariage, — L'Hiver, — L'Amour maternel, — Le jeu de Colin-Maillard. Quatre pièces.
Belles épreuves.

FALK

216 — La Vieille courtisane à sa toilette, d'après J. Lys.
Belle épreuve avant la lettre, marges.

FERDINAND (à Paris, chez)

217 — La chasse de Mon-oye.
Très belle épreuve, marges.

218 — Oudinot, duc de Reggio, — F. Talma, — N. Poussin, — Louis-Philippe. Quatre pièces.
Très belles épreuves, grandes marges.

FORTIER

219 — Le Café politique.
Très belle épreuve, grandes marges.

FRAGONARD

220 — Dites-donc s'il vous plait, par Delaunay.
Très belle épreuve, marges.

221 — La Bonne mère, par Delaunay.
Très belle épreuve, marges.

FRAGONARD

222 — Le Sacrifice de la Rose, par Girard.
Belle épreuve, petites marges.

223 — Le Verre d'eau, par Ponce.
Très belle épreuve, toutes marges.

224 — Vénus à la Coquille, — L'Enfant chéri, par Chaponnier, deux pièces en couleur.
Belles épreuves, grandes marges.

225 — Le Contrat, par Blot.
Très belle épreuve, petites marges.

226 — Le Verrou, par Blot.
Très belle épreuve, petites marges.

227 — Le Songe d'amour, par Regnault.
Belle épreuve avec le titre et les noms des artistes tracés à la pointe, petites marges.

228 — Le Pot au lait, par Ponce.
Très belle épreuve, marges.

229 — Les Pétards, — Les Jets d'eau. Deux pièces tirées en bistre, à Paris, chez Alibert.
Belles épreuves.

230 — La Cachette découverte, par Delaunay.
Belle épreuve.

231 — Vues de châteaux et de palais. Cinq pièces.
Belles épreuves.

232 — Fête de village, par St-Non.
Très belle épreuve avant la lettre, toutes marges.

FREUDEBERG

233 — La Félicité villageoise, par Delaunay.
Belle épreuve, marges.

234 — L'Heureuse union, par Bosse.
Très belle épreuve, marges.

FREUDEBERG

235 — Le Gage de la Fidélité, par Voyez le Jeune.
Très belle épreuve, marge.

236 — Lison dormait, par Trière.
Belle épreuve.

GAILLARD

237 — Joly de Fleury.
Très belle épreuve, toutes marges.

GARNERAY

238 — Promenades aériennes du jardin Beaujon.
Très belle épreuve, grandes marges.

GAUTIER (L.)

239 — Les Evangiles. Quarante pièces.
Très belles épreuves. Rares.

GREUZE

240 — Les Premières leçons de l'Amour, par Voyez le Jeune.
Très belle épreuve avant la lettre, marges.

241 — Offrande à l'Amour, par Macret.
Très belle épreuve avant la lettre, marges.

242 — Le Testament déchiré, par Levasseur.
Belle épreuve, marges.

243 -- Le Divertissement gracieux d'une famille villageoise.
Très belle épreuve, grandes marges.

GRIMOU

244 — La Jeune laborieuse, par Levillain.
Très belle épreuve à l'état d'eau-forte pure, toutes marges.

245 — La même estampe.
Très belle épreuve, marge.

246 — La Jeune studieuse, par Levillain.
Très belle épreuve à l'état d'eau-forte pure, grandes marges.

GUTTEMBERG

247 — Orage causé par l'impôt sur le thé, en Amérique.
Très belle épreuve, toutes marges.

HÉRICOURT

248 — Le Point d'honneur. Très jolie pièce en couleur.
Très belle épreuve, toutes marges. Rare.

HOLLAR

249 — La Publication de la paix entre l'Espagne et la Hollande, devant l'Hôtel de Ville d'Anvers.
Très belle épreuve, grandes marges.

HUBNER

250 — La Pharmacie rustique. Pièce curieuse.
Belle épreuve, petites marges. Rare.

HUDGES

251 — Le Général Bonaparte.
Très belle épreuve, toutes marges.

HUET

252 — L'Amant écouté. En couleur.
Très belle épreuve.

253 — Le Messager discret. En couleur.
Très belle épreuve, grandes marges.

254 — Femme prenant son café. En couleur, cadre doré.
Très belle épreuve, sans marges.

255 — La Feinte résistance, par Patas.
Très belle épreuve, marges.

256 — Le Départ du Marché. En couleur.
Très belle épreuve, petites marges.

257 — Les Bergères à la fontaine, — Les Blanchisseuses, Le Poulailler. Trois pièces en couleur.
Belles épreuves, petites marges.

HUET

258 — L'Oiseau échappé, — L'Oiseau attrapé. Deux pièces
en couleur.

Belles épreuves.

INGRES-JACQUE (Cn.)

259 — M. de Bombelles, — M. Luquet. Deux pièces, dont une
avant la lettre.

Belles épreuves, toutes marges.

JANINET

260 — Les trois Grâces, d'après Pellegrini. En couleur.

Très belle épreuve avant la lettre et avant la guirlande, toutes marges.

261 — Bacchus préside à la fête, d'après Caresme. En
couleur.

Très belle épreuve, toutes marges.

262 — Le Repas des moissonneurs, d'après Wille. En couleur.

Belle épreuve, marges.

263 — Les Lutteurs sur les remparts de Berne.

Très belle épreuve, marges.

264 — Les Comédiens comiques, — Le Rendez-vous comique.
Deux pièces en couleur, d'après Watteau.

Très belles épreuves, toutes marges. Très rares.

265 — Loménie de Brienne, archevêque de Toulouse. En
couleur.

Très belle épreuve, toutes marges.

266 — Offrande à l'Amour, d'après Lagrenée. En couleur.

Très belle épreuve, toutes marges.

267 — Entrée d'une Ville, d'après Houel. En bistre, — Reste
d'un ancien temple. En couleur, deux pièces.

Belles épreuves, marges.

268 — Le Berger couronné, d'après Huet, — Têtes d'études,
d'après Le Clerc. Trois pièces en couleur.

Belles épreuves.

JANINET

269 — Colonnade et Jardins du Palais Médicis, — Restes d'un palais du pape Jules. Deux pièces en couleur, d'après H. Robert.

>Belles épreuves.

270 — La Fontaine des Innocents. En couleur.

>Très belle épreuve avant la lettre.

271 — Amour, d'après Boucher, — Sanguines, d'après Greuze, Wille, etc. Cinq pièces.

>Belles épreuves.

272 — Vue d'une salle de spectacle. En couleur, — Ruines, d'après Boucher. Trois pièces.

>Très belles épreuves avant la lettre.

JAZET

273 — *Mœurs du XIXme siècle*, — Les Petits bourgeois parisiens en partie de campagne, — La Pluie d'orage, — Une heure avant le concert, — Une heure de retard. Quatre pièces en couleur, très curieuses.

>Belles épreuves, marges. Très rares.

274 — Bivouac des Cosaques aux Champs-Élysées. En couleur, d'après Sauerweid.

>Très belle épreuve, grandes marges.

275 — Course de traineaux à Krasnoi Kabah, d'après Sauerweid.

>Très belle épreuve, coupée au trait carré.

JEAURAT

276 — L'Exemple des mères, — L'Amour et la Folie. Deux pièces.

>Belles épreuves.

277 — L'enlèvement de Police, — Déménagement d'un peintre. Deux pièces par Duflos.

>Belles épreuves.

JEAURAT

278 — La Couturière, — La Jeunesse, — L'Huître et les Plaideurs, — Le Précepteur inutile. Quatre pièces.
Belles épreuves.

JOLLAIN

279 — Les œuvres de miséricorde. Six pièces.
Très belles épreuves.

JOSI

280 — Brune, — Hoche. Deux pièces.
Très belles épreuves, toutes marges.

LANCRET

281 — Le Faucon, par de Larmessin.
Très belle épreuve, marges.

282 — Le Gascon puni, par de Larmessin.
Belle épreuve, marges.

283 — Le Gascon puni, — A Femme avare galant escroc. Deux pièces, par de Larmessin.
Belles épreuves, marges.

284 — Les Oies du frère Philippe, par de Larmessin.
Très belle épreuve, grandes marges, avec l'adresse de Larmessin.

285 — On ne s'avise jamais de tout, par de Larmessin.
Belle épreuve, avec l'adresse de Larmessin, marges.

286 — Le Petit chien qui secoue de l'or et des pierreries, par de Larmessin.
Belle épreuve, marges.

287 — Les Rémois, par de Larmessin.
Belle épreuve, avec l'adresse de Larmessin, marges.

288 — Les Troqueurs, par de Larmessin.
Très belle épreuve, avec l'adresse de Larmessin, marges.

289 — La même estampe, par de Larmessin.
Très belle épreuve, marges.

LANCRET

290 — Les Deux amis, — Les Troqueurs, par de Larmessin.
Belles épreuves, marges,

291 — L'Hiver, par Lebas.
Belle épreuve, marges.

292 — Le Philosophe marié, par Dupin.
Très belle épreuve, grandes marges.

293 — Dans cette aimable solitude, — La Belle grecque.
Deux pièces par Cochin et Lebas.
Belles épreuves, marges.

LANDRY, LOCHON, etc.

294 — Ch. de Bourbon, évêque de Soissons, — H. Bignon, —
Denis Talon. Trois pièces.
Belles épreuves, toutes marges.

LASNE

295 — Cette belle toute autre passe à travailler habilement.
Très belle épreuve, marges.

LAVREINCE

296 — Ah ! laisse-moi donc voir. Gravé en couleur par Janinet.
Très belle épreuve, toutes marges.

297 — Bois d'amour, — Composition différente sur le même
sujet. En couleur.
Belle épreuve, toutes marges.

298 — Quatre petits sujets de forme ronde tirés sur la même
feuille. Charmants costumes et intérieurs de l'époque
Louis XVI.
Superbe épreuve avant toutes lettres, marges.

299 — Le Billet doux, par de Launay.
Très belle épreuve, marges.

300 — Le Lever des ouvrières en modes, par Dequevauvilliers.
Deux pièces.
Belles épreuves, marges.

LAVREINCE

301 — **Le Lever des ouvrières en modes. — Le Coucher des ouvrières en modes**, par Dequevauvilliers. Deux pièces.
Belles épreuves.

302 — **Le billet doux, — Qu'en dit l'abbé?** par de Launay.
Très belles épreuves, grandes marges.

303 — **La Soubrette confidente**, par Vidal.
Belle épreuve, marges.

304 — **La Marchande à la toilette**, par Vidal.
Très belle épreuve.

LAUGIER

305 — **La Vierge dite au lapin blanc**, d'après le Titien.
Très belle épreuve sur chine avant la lettre, signée par l'artiste.

LEBAS

306 — **Pièce allégorique sur le mariage de la Dauphine**, d'après Hutin.
Très belle épreuve, toutes marges.

307 — **Vue du port de la Rochelle du côté de la petite rive**, d'après Garreau, — **Port de la Rochelle**, par Chapuy, — **Port de Rochefort**, par Garneray, en couleur, etc. Sept pièces.
Belles épreuves.

LEBEAU

308 — **Vue de la grande parade passée par le premier consul dans la cour des Tuileries**, d'après Desrais.
Très belle épreuve, marges.

309 — **Séance mémorable du Corps législatif, le 19 brumaire.**
Très belle épreuve, grandes marges.

LEBEL

310 — **Le Coup de vent, — La voilà prise.** Deux pièces par Girardet et Niquet.
Belles épreuves, marges.

LEBRUN

311 — Entrevue de Louis XIV et de Philippe IV. — Cérémonie
du mariage de Louis XIV et de Marie-Thérèse d'Autriche
· Deux pièces.
> Très belles épreuves.

312 — La Toilette de la mariée ou le Jour désiré, par Dembrun.
> Très belle épreuve, marges.

LECLERC

313 — Jeune fille portant un seau, — Jeune fille portant un
panier. Deux pièces.
> Belles épreuves.

LECLERC (S.)

314 — Louis XIV visitant l'Observatoire.
> Très belle épreuve.

LELEU

315 — Cortège de S. M. Napoléon Ier passant devant le palais
du Tribunat, 1804.
> Très belle épreuve avant la lettre, toutes marges.

LEMIRE

316 — Le Général Washington, d'après Le Paon.
> Très belle épreuve, marges.

LEMPEREUR

317 — L'Attente du plaisir, — Danaé, — Les Baigneuses.
Trois pièces dont deux avant la lettre.
> Belles épreuves, marges.

LÉPICIÉ, HOUBRAKEN, etc.

318 — Catherine de Seïne, — Christophe de Beaumont, —
Albert Séba. Trois pièces.
> Belles épreuves, marges.

LEPRINCE

319 — Les Sens. Cinq pièces en bistre.
Très belles épreuves, toutes marges.

320 — Le roué vertueux. Cinq pièces.
Très belles épreuves, toutes marges.

LEPRINCE (d'après)

321 — Le joueur de balalaye.
Très belle épreuve, marges.

322 — L'Amour de la gloire, — Le corps de garde. Deux pièces par Née et Leveau.
Très belles épreuves avant la dédicace, marges.

LEQUEU

323 — Vue du Panthéon. En bistre.
Très belle épreuve.

LEROY

324 — Je t'en ratisse, par Dien.
Très belle épreuve, avant la lettre.

LEVILLY

325 — L'Enlèvement, — Le Jaloux en défaut. Deux pièces.
Belles épreuves.

LONGHI

326 — Scènes d'intérieur. Quatre pièces gravées par Flipart. Sujets de chasse et sujets religieux. Ensemble huit pièces.
Belles épreuves.

LOUTHERBOURG

327 — Le Doux repos des bergers, par Laurent.
Très belle épreuve, marges,

LOUTHERBOURG, LEPRINCE, etc.

328 — Une nouvelle histoire persane, — La Petite fermière, — Le choix, — La ravaudeuse, — Cinq pièces.
Très belles épreuves.

LOUVION

329 — Bonaparte, premier consul, — Napoléon, empereur, d'après Appiani, — Napoléon, par Jehotte. Trois pièces.

Belles épreuves, marges. Rares.

MALLET

330 — Les Bonnes amies.

Très belle épreuve, marges.

MALŒUVRE

331 — Le Satyre et le villageois, d'après Dietricy.

Très belle épreuve, grandes marges.

MARILLIER

332 — Les illustres français, par Ponce, — Voltaire, — Mirabeau, — La Fontaine, — Molière, — Rousseau, — Corneille, Racine, etc. Douze pièces.

Très belles épreuves, toutes marges.

MARIN (L.)

333 — Provoking fidélité. En couleur.

Belle épreuve, marges.

334 — Les Soins paternels, — Le Danger du sommeil. Deux pièces en couleur.

Très belles épreuves avec les encadrements dorés, marges.

MAROT (D.)

335 — La Grande salle d'Audience de La Haye, où les seigneurs reçoivent les ambassadeurs.

Très belle épreuve, marges.

MARTINI

336 — Coup d'œil exact de l'arrangement des peintures au salon du Louvre, en 1785.

Très belle épreuve, grandes marges.

337 — Lauda-Conatum. Exposition au salon du Louvre en 1787.

Très belle épreuve, grandes marges.

MASQUELIER, MULLER

338 — L'Amant de la belle Europe, — La Nymphe Érigone. Deux pièces.

Superbes épreuves, toutes marges.

MASSARD

339 — La Plus belle des mères, d'après Van Dick.

Très belle épreuve, grandes marges.

MERCURY

340 — Sainte Amélie, reine de Hongrie, d'après Paul Delaroche.

Très belle épreuve, grandes marges.

MICHEL

341 — Bonneval dans un médaillon, posé sur un bas-relief où est représentée la scène du Malade imaginaire.

Très belle épreuve, marges,

342 — Le Kain, dans un médaillon, posé sur un bas-relief où est représentée une scène de l'Orphelin de la Chine.

Très belle épreuve.

343 — Hippolyte de La Tude Clairon, dans un médaillon posé sur un bas-relief où est représentée une scène de Médée.

Très belle épreuve, marge.

344 — Marie-Anne Botot Dangeville, dans un médaillon posé sur un bas-relief où est représentée une scène de médisant.

Belle épreuve, marges.

MODES — COSTUMES — THÉATRES

345 — *Le Bon genre*. Nos 44, 69, 73, 74, 75, 76, 87, 114. Huit pièces.

Belles épreuves coloriés, marges.

346 — *Théâtre* (A Paris, chez Martinet). Cinquante-deux pièces coloriées.

Belles épreuves.

MODES — COSTUMES — THÉATRES

347 — *Perlet* (Correspondance) et divers. Dix-huit pièces.

> Belles épreuves.

348 — *Théâtre-Français.* Douze pièces. — *Opéra-Comique.*
Sept pièces, etc. Ensemble, dix-neuf pièces coloriées.

> Belles épreuves.

349 — Coiffure à l'Espoir, — Coiffure à la Nation. Deux
pièces.

> Très belles épreuves, marges.

350 — *Scènes de théâtre.* Vingt-cinq pièces, par Duhamel,
Leclerc, Martinet, etc.

> Très belles épreuves, toutes marges.

351 — *Cendrillon.* Scènes de l'Opéra-Comique de ce nom.
Trois pièces coloriées.

> Belles épreuves, marges.

352 — La Réponse incroyable, — Bonjour, milord, etc.

> Très belle épreuve, marges. Rare.

353 — La Danse incroyable, — Les Effroyables. Deux pièces.

> Très belles épreuves, marges.

354 — Sortie de l'Opéra. — A voir cet élégant. — Rosette.
Trois pièces.

> Belles épreuves.

355 — Modes françaises, 1810 à 1815. Cinquante pièces coloriées.

> Très belles épreuves.

356 — *Costume parisien.* Cent pièces.

> Très belles épreuves, toutes marges.

357 — *Modes parisiennes.* Costumes. Six cents pièces.

> Belles épreuves.

358 — *Gatine-Lanté.* Costumes divers. Vingt-deux pièces coloriées.

359 — *Jacquemin.* Costumes. Vingt-trois pièces.

360 — *Mercury et divers.* Costumes. Trente pièces.

MODES — COSTUMES — THÉATRES

361 — *Modes parisiennes*. Soixante-dix pièces.
Belles épreuves, toutes marges.

362 — Costumes de femmes, d'après Vernet.
Belles épreuves avant la lettre, marges.

363 — Costumes italiens, par Boilly. Seize pièces coloriées.
Belles épreuves.

MONDHARE (à Paris, chez)

364 — Madame Dugazon. Très joli portrait. En couleur.
Très belle épreuve, marges.

365 — Madame Julien, de la Comédie italienne. En couleur.
Très belle épreuve, toutes marges.

MONNET

366 — Jupiter et Anthiope, par Vidal.
Très belle épreuve, grandes marges.

367 — Renaud et Armide, par Vidal.
Belle épreuve.

368 — Salmacis et Hermaphrodite.— Les Baigneuses surprises, par Vidal. Deux pièces.
Belles épreuves.

MOREAU (l'aîné)

369 — Le Villageois entreprenant, — La Fille rusée, par Schenau, — La Désagréable aventure, — Bacchanale, par Lagrenée. Quatre pièces.
Belles épreuves.

370 — Vue des environs de Paris.
Très belle épreuve, marges.

MOREAU (le jeune)

371 — David et Bethsabée, d'après Rembrandt.
Très belle épreuve avant la lettre, marges.

MOREAU (le jeune, d'après)

372 — J'en accepte l'heureux présage, par Trière.
Très belle épreuve avec le privilège, grandes marges.

373 — N'ayez pas peur, ma bonne amie, par Helman.
Très belle épreuve avec le privilège, grandes marges.

374 — La même estampe.
Belle épreuve, grandes marges.

375 — C'est un fils, monsieur, par Bacquoy.
Très belle épreuve, marge vierge.

376 — Les Petits Parrains, par Bacquoy.
Belle épreuve, marge vierge.

377 — Les Délices de la Maternité, par Helman.
Belle épreuve, marge vierge.

378 — Le Rendez-vous pour Marly, par Guttemberg.
Très belle épreuve avec le privilège grandes marges.

379 — La Rencontre au bois de Boulogne, par Guttemberg.
Très belle épreuve, marges vierges.

380 — La même estampe.
Marges vierges.

381 — La Dame du palais de la reine, par Martini.
Très belle épreuve, marges vierges.

382 — La même estampe.
Belle épreuve, grandes marges.

383 — La Petite Toilette, par Martini.
Très belle épreuve, marges vierges.

384 — La Grande Toilette, par Romanet.
Très belle épreuve, marges vierges.

385 — La Course de chevaux, par Guttemberg.
Très belle épreuve, marges vierges.

386 — Le Pari gagné, par Camlingue.
Très belle épreuve, marges vierges.

MOREAU (le jeune, d'après)

387 — Le Seigneur chez son fermier, par Delignon.

Très belle épreuve, marges vierges.

388 — La Surprise.

Belle épreuve, marges vierges.

389 — La Matinée.

Belle épreuve, toutes marges.

390 — Henri IV chez le meunier, par Simonnet.

Très belle épreuve, marges.

MORIN

391 — Talon, d'après Philippe de Champaigne.

Très belle épreuve toutes marges.

392 — Le Christ, d'après Ph. de Champaigne, — Chasse, par Weislrod, — Assomption de la Vierge, etc. Cinq pièces, dont trois à l'eau-forte.

Belles épreuves.

MORRET

393 — Les Joueurs, — Les Buveurs. Deux pièces, En couleur.

Très belles épreuves, marges.

394 — L'Ermite du Colisée, d'après Robert. En couleur.

Belle épreuve, marges.

NOIRDEMANGE

395 — L'Andalouse et les moineaux. En couleur.

Très belle épreuve, grandes marges.

ORNEMENTS

396 — *Bérain*. Arabesques et divers. Treize pièces.

Belles épreuves, marges.

397 — *Bonnet*. Fragments. Principes de dessin. Dix-huit pièces.

Très belles épreuves, toutes marges.

ORNEMENTS

398 — *Boucher*. Grands balcons. Six pièces.
> Belles épreuves, grandes marges.

399 — *Cuvilliés*. Morceaux de caprices à divers usages. Douze sujets sur six feuilles.
> Très belles épreuves, grandes marges.

400 — — Cartouches. Quatre pièces.
> Belles épreuves, marges.

401 — — Livre de Fontaines. Quatre pièces.
> Belles épreuves, marges.

402 — *Delafosse*. Chandeliers. Quatre pièces, — Poêles et piédestaux. Quatre pièces, — Plafonds. Quatre pièces. Ensemble douze pièces.
> Belles épreuves, marges.

403 — *Ecole Allemande*. Emblèmes et devises. Vingt-deux pièces.
> Belles épreuves.

404 — *Feuillet*. Livre de cheminées. Six pièces. A Paris, chez Bonnart.
> Belles épreuves, marges.

405 — *Gillot*. Nouveau livre de principes d'ornements particulièrement pour trouver un nombre infini de formes qui en dépendent. Douze pièces.
> Très belles épreuves, marges.

406 — *Habermann*. Cartouches. Quatre pièces.
> Belles épreuves, toutes marges.

407 — *Hauer*. Dessins de portes, — Autels, — Urnes, — Etudes. — Fontaines, — Tombeaux, — Trumeaux, — Panneaux, etc. Ensemble, cinquante pièces.
> Très belles épreuves, toutes marges.

408 — *Lajoue*. Recueil de cartouches, nos 1 à 6.
> Très belles épreuves, grandes marges.

ORNEMENTS

409 — *Lalonde*. Premier cahier d'ornements, de pendules. Quatre pièces.

> Belles épreuves, grandes marges.

410 — — Rosettes de plafonds. Six pièces.

> Belles épreuves, toutes marges.

411 — — Cadres. Quatre pièces.

> Belles épreuves, toutes marges.

412 — — Troisième cahier de bordures. Cinq pièces.

> Belles épreuves, marges.

413 *Leclerc S.* Cartouches pour les batailles des Flandres, plus le titre. Douze pièces.

> Belles épreuves, grandes marges.

414 — *Leroux*, Cheminées. Six pièces, à Paris, chez Mariette.

> Belles épreuves. marges.

415 — *Lhuillier et Doublay*. Frises, ornements divers. Seize pièces.

> Très belles épreuves, grandes marges.

416 — *Meissonier*. Epitaphe pour le baron de Bezenval.

> Belle épreuve.

417 — *Mondon*. Quatrième livre de formes ornées de rocailles etc. Six pièces.

> Belles épreuves, grandes marges.

418 — — Cinquième livre de figures, ornements chinois, etc. Six pièces.

> Belles épreuves, grandes marges.

419 — *Montcornet* (Balthazar). Livre nouveau de fleurs très utile pour l'art d'orfèvrerie et autres dédié à Jean de Leins, à Paris, 1645. Suite complète de douze pièces, plus le titre.

> Très belles épreuves, rares.

420 — *De Neufforge*. Modèles de cheminées. Six feuilles.

> Belles épreuves, marges.

ORNEMENTS

421 — *Oppenort*. Etudes d'ornements. Onze pièces.
   Belles épreuves, grandes marges.

422 — *Riedel*. Pendules et feux. Cinq pièces.
   Belles épreuves, marges.

423 — *Roscher*. Orfèvrerie. Quatre pièces.
   Très belles épreuves, grandes marges.

424 — *Schmidt Albrech*. Dessus de boîtes, tabatières avec sujets encadrés d'ornements. Quinze cahiers comprenant ensemble soixante-treize pièces.
   Très belles épreuves d'une suite très curieuse et très rare, toutes marges.

425 — *Sempé*. Recueil de dessins d'ornement. Huit pièces.

426 — *Vivier*. Nouveau livre de cartouches. Six pièces.
   Très belles épreuves, grandes marges.

427 — *Wachsmuht*. Rocailles. Quatre pièces.
   Belles épreuves, grandes marges.

428 — *Wallis*. A Book of Ornaments. Dix pièces, chez Taylor in holborn 1771.
   Très belles épreuves, marges.

429 — Fontaines italiennes, — Lettres ornées. Ensemble, vingt-trois feuilles.
   Belles épreuves.

PALLIÈRES (J.)

430 — L'écrivain public. Pièce rare et curieuse.
   Très belle épreuve, toutes marges.

PAPAVOINE (à Paris, chez)

431 — Le Festin, — La Danse. Deux pièces en couleur.
   Très belles épreuves, toutes marges.

PARIZEAU

432 — Henri IV chez le meunier. En couleur.
   Très belle épreuve avant la lettre, grandes marges.

PATER

433 — Le Baiser donné, — Le Baiser rendu. Deux pièces par
Fillœul.

Belles épreuves, grandes marges.

434 — L'Orchestre de village, par Ravenet, — Ragotin et les
Bohémiens. Deux pièces.

Très belles épreuves, grandes marges.

435 — Le Baiser rendu, par Fillœul.

Très belle épreuve, marges.

436 — Le Savetier, par Fillœul.

Belle épreuve, marges.

PILLEMENT

437 — L'Arrivée des barques marchandes, — Les agréments de
l'été. Deux pièces par Wollett et Canot.

Belles épreuves, marges.

PITAU-THOMASSIN

438 — Mathieu de Morgues, — Th. Bignon, — Cardinal de
Fleury. Trois pièces.

Belles épreuves, marges.

PLANS — VUES — etc.

439 — *Marot J.* Eglise Saint-Sauveur, — Eglise de la Mercy,—
Eglise des jésuites, — Eglise des Minimes, — Eglise des
Chartreux, — Eglise des Carmes déchaussés, — Eglise
Notre-Dame-des-Champs, — Eglise de Port-Royal, —
Eglise Saint-Victor, etc. Onze pièces.

Très belles épreuves, toutes marges.

440 — *Gautier.* (L.) Vue de Paris avec les portraits de
Henri IV et de Louis XIII. Pièce rare.

Belle épreuve.

441 — *Lepautre.* Les plans, coupes, profils et élévations de la
chapelle du château de Versailles, nos 1 à 10.

Très belles épreuves.

PLANS — VUES, etc.

442 — *Plans de Paris*, depuis les Romains jusqu'en 1643. Sept
pièces.

  Belles épreuves.

443 — *Plans de Versailles*. Quatres pièces et deux vues.

444 — Dessein d'une Chapelle royale et d'une piramide pour
être élevée au milieu du Louvre, à Paris.

  Pièce rare et curieuse.

445 — Le Dauphiné, par Jaillot, 1713.

PONCE

446 — Bienfaisance récompensée. Médaille donnée par la Ville
de Meaux à Nicolas Tronchon. Rare.

  Très belle épreuve, marges.

PORPORATI

447 — Vénus qui caresse l'Amour, d'après Vanloo.

  Belle épreuve, marges.

POSSELWHITE

448 — L'Ecouteuse, d'après Vidal.

  Très belle épreuve, marges.

449 — La Belle chocolatière, d'après Liotard.

  Très belle épreuve, marges.

PRUDHON

450 — La Raison parle et le plaisir entraîne, — La Vertu aux
prises avec le vice. Deux pièces.

  Belles épreuves avant la lettre, marges.

QUEVERDO

451 — Le Dangereux modèle, par Patas.

  Très belle épreuve.

452 — Le Levé de la Mariée, par Dambrun.

  Très belle épreuve, marges.

RAMBERG

453 — Le Marché d'esclaves.

Très belle épreuve, toutes marges.

454 — Scène de Shakspeare.

Très belle épreuve; toutes marges.

RAOUX

455 — Angélique et Médor, par Blanchard.

Très belle épreuve avant la lettre, marges.

RICHOMME

456 — Le Triomphe de Galathée, d'après Raphael

Très belle épreuve, marges.

RUBENS (d'après)

457 — La Vierge aux fruits par C. Galle. — Naissance de Jésus, — Scipion l'africain, — Paysages par Bolswert. Quatre pièces.

Belles épreuves.

RUOTTE

458 — Le Bœuf à la mode. En couleur.

Très belles épreuves, marges.

SABATELLI

459 — Scène de jeu. Pièce à l'eau-forte.

Très belle épreuve, marges.

SAINT-AUBIN (Aug. de)

460 — Mes Gens ou les commissionnaires ultramontains, par Tilliard. Six pièces et le titre.

Très belles et anciennes épreuves, marges vierges; très rare en aussi belle condition.

461 — Ninon de Lenclos, — Larochefoucault, — Charles XII, Catherine II, — Buffon, etc. Sept pièces.

Très belles épreuves, toutes marges.

SAINT-JEAN

462 — L'Attouchement. — Femme de qualité déshabillée pour le bain. Deux pièces.

Belles épreuves, marges.

SCHALL

463 — Le Premier baiser de l'Amour, — L'Elysée. Deux pièces.

Belles épreuves.

SCHENAU

464 — L'Origine de la peinture ou les portraits à la mode, — La Lanterne magique. Deux pièces, par J. Ouvrier.

Belles épreuves, marges.

465 — Le Petit Viseur, par Martinet.

Très belle épreuve, toutes marges.

466 — Der Gute Vater.

Très belle épreuve, toutes marges.

467 — Amusements russes.

Très belle épreuve, marges.

SCHULTZE

468 — La Jeune ouvrière, — Femme lisant, — La Vieille flamande, par Vangelisti. Trois pièces.

Belles épreuves, marges.

SICARDI

469 — Sa Mélodie charme les cœurs, — Ah! quel plaisir, — Ah! quelle douleur. Trois pièces par Mécou.

Belles épreuves, marges.

TOUZÉ

470 — Les Amusements dangereux, par Voyez le jeune.

Belle épreuve, marges.

TROOST (C.)

471 — Proposition de mariage, — Les Noces de Clorus et Rosette, — Divertissements de la foire d'Amsterdam. Trois pièces.

Très belles épreuves, marges.

VANDER-MEULEN

472 — Marche du roi accompagné de ses gardes passant sur le Pont-Neuf.

Très belle épreuve, marges.

VANLOO

473 — Le Coucher, par Porporati.

Très belle épreuve, marges.

474 — Chasse aux ours, par Flipart.

Très belle épreuve, marges.

VANSCHUPPEN

475 — Madame Deshoulières, d'après Sophie Chéron.

Très belle épreuve, toutes marges.

VERNET (C.)

476 — Les Ennuyés chez eux, par Coqueret.

Très belle épreuve, toutes marges.

477 — L'arrivée de la course, — La Course, etc. Sept pièces.

Belles épreuves.

478 — Bonaparte à cheval.

Très belle épreuve, marges.

VERNET (J.)

479 — Le Port neuf ou l'Arsenal de Toulon (no 1), par Cochin et Lebas.

Très belle épreuve, marges.

480 — L'Intérieur du port de Marseille (2), par Cochin et Lebas.

Très belle épreuve, marges.

VERNET (J.)

481 — La Madrague ou la pêche du thon (3), par Cochin et Lebas.

Très belle épreuve, marges.

482 — L'Entrée du port de Marseille (4), par Cochin et Lebas.

Très belle épreuve, marges.

483 — Le Port vieux de Toulon (5), par Cochin et Lebas.

Très belle épreuve, marges.

484 — La Ville et la rade de Toulon (6), par Cochin et Lebas.

Très belle épreuve, marges.

485 — Le Port d'Antibes, en Provence (7), par Cochin et Lebas.

Très belle épreuve, marges.

486 — Le Port de Cette, en Languedoc (8) par Cochin et Lebas

Très belle épreuve, marges.

VIDAL

487 — La Surprise agréable.

Très belle épreuve, coupée au trait carré.

488 — Le Malin cuisinier, — La Cuisinière française, — Deux pièces en couleur, d'après Gazard et Colibert.

Très belles épreuves, marges.

VIGNETTES

489 — *Eisen.* Les Quatre saisons.

Belles épreuves.

490 — Sujets divers. Onze pièces, par Gravelet Lemire, — Galerie d'Orléans. Trois pièces avant la lettre. Ensemble quatorze pièces.

Belles épreuves.

VISCHER

491 — Louis XIII à cheval, — Philippe IV. Deux pièces in-fol.

Belles épreuves.

VISCHER

492 — Apparition de l'ange aux bergers, — Cérès et Bacchus. Deux pièces.

> Belles épreuves.

VLEUGHELS (CHEVALIER)

493 — Frère Luce, par de Larmessin.

> Belle épreuve, marges.

494 — Frère Luce, — La Jument du compère Pierre. Deux pièces, par de Larmessin.

> Belles épreuves, marges.

495 — La Jument du compère Pierre, par de Larmessin.

> Belle épreuve, marges.

496 — La même estampe.

> Belle épreuve, petites marges.

497 — Le Villageois qui cherche son veau, par de Larmessin.

> Très belle épreuve, grandes marges.

WALK (G).

498 — Berger et Bergère près d'une fontaine. En couleur.

> Très belle épreuve.

WATTEAU

499 — L'Amour au Théâtre-Italien, par Cochin.

> Belle épreuve.

500 — L'Abreuvoir, — Le Marais, — Deux pièces.

> Belles épreuves, marges.

501 — L'Amante inquiète, par Aveline.

> Très belle épreuve, petites marges.

502 — Arlequin, Pierrot et Scapin, par Surugue.

> Belle épreuve, marges.

503 — Le Bain rustique, par Cardon.

> Belle épreuve.

WATTEAU

504 — Belles, n'écoutez rien, Arlequin est un traitre, par Cochin.

> Belle épreuve, marges.

505 — Camp-Volant, par Cochin.

> Belle épreuve.

506 — Le Colin-Maillard, par Brion.

> Belle épreuve, petites marges.

507 — La Colation, par Moyreau.

> Belle épreuve, petites marges.

508 — Comédiens français, par Liotard.

> Belle épreuve, petites marges.

509 — Coquettes, qui pour voir galants au rendez-vous, par Thomassin.

> Très belle épreuve, marges.

510 — Du Bel âge où les jeux remplissent vos désirs, par Moyreau.

> Très belle épreuve, petites marges.

511 — La même estampe.

> Belle épreuve, petites marges.

512 — La Discuse d'aventures, par L. Cars.

> Belle épreuve, petites marges.

513 — Départ de garnison, par Ravenet.

> Belle épreuve.

514 — Les Délassements de la guerre, par Crépy.

> Belle épreuves, petites marges.

515 — L'Escorte d'équipage, par L. Cars.

> Belle épreuve.

516 — Les Enfants de Bacchus, par Fessard.

> Belle épreuve, petites marges.

517 — Un Baiser ou la rose, par Fessard.

> Belle épreuve, petites marges.

WATTEAU

518 — Heureux âge d'or ou sans inquiétude, par Tardieu.

Belle épreuve.

519 — Le Lorgneur, par Scotin.

Très belle épreuve.

520 — Les Habits sont italiens. Gravé à l'eau-forte par Watteau.

Belle épreuve, avec l'adresse de Sirois ; marges.

521 — Le Naufrage.

Très belle épreuve, petites marges.

522 — La Partie quarrée, par Moyreau.

Belle épreuve, marges.

523 — Pour nous prouver que cette belle, par Surugue.

Belle épreuve, marges.

524 — Qu'ay-je fait, assassins maudits, par Joullain.

Très belle épreuve avant les armes et avec l'adresse de Gersaint ; marges.

525 — La même estampe.

Très belle épreuve, petites marges.

526 — Retour de guinguette, par Chedel

Très belle épreuve, toutes marges.

527 — Le Repas de campagne, par Deplace.

Belle épreuve, marges.

528 — Retour de chasse, — Portrait de Madame de Verthamon, nièce de M. de Julienne, par Audran.

Belle épreuve, marges.

529 — Sainte famille, par Dubos.

Belle épreuve, marges.

530 — La Sérénade italienne, par Scotin.

Très belle épreuve, marges.

531 — La Sculpture, par Desplaces.

Belle épreuve, marges.

WATTEAU

532 — Les Soins dangereux, par Liotard.
>Belle épreuve.

533 — Voulez-vous triompher des belles, par Thomassin.
>Très belle épreuve, marges.

534 — Vue de Vincennes, par Boucher.
>Belle épreuve, marges.

535 — Études, par Huquier, etc. Cinq pièces.
>Belles épreuves.

536 — Le May, arabesque en hauteur, par Aveline.
>Très belle épreuve.

537 — Le Dénicheur de moineaux, arabesque en hauteur, par Boucher.
>Très belle épreuve, marges.

538 — Les Singes de Mars, arabesque en hauteur, par Moyreau.
>Très belle épreuve.

539 — La Déesse, arabesque en hauteur, par Huquier.
>Belle épreuve.

540 — L'Escarpolette, arabesque en hauteur par Crépy.
>Belle épreuve.

541 — L'Heureux moment, — Vénus blessée par l'Amour, deux arabesques en largeur, par Aveline et Crépy.
>Belles épreuves.

WHEATLY

542 — Adélaïde ou la Bergère des Alpes.
>Très belle épreuve, marges.

WILLE

543 — Charles-Frédéric, — Louis, Dauphin de France. Deux pièces.
>Belles épreuves.

WILLE (d'après)

544 — Petit Wauxhall, sur papier vélin.
>Belle épreuve, marges.

545 — Dédicace d'un poème épique.
>Très belle épreuve sur papier vélin, grandes marges.

WILLMANN

546 — Vue de la ville de Fribourg.
>Très belle épreuve sur chine avant la lettre.

WINKELESS

547 — Bal à Amsterdam.
>Belle épreuve, grandes marges.

548 — Salle de concert dans l'édifice de la société Félix Méritis, à Amsterdam, d'après Barbiers.
>Très belle épreuve avant la lettre, toutes marges.

549 — Grand Salon du jardin du roi.
>Très belle épreuve avant la lettre.

550 — Scène de théâtre, — Pièce curieuse pour l'architecture et les costumes.
>Très belle épreuve, grandes marges.

PORTRAITS

DE LOUIS XVI ET DE MARIE-ANTOINETTE — PERSONNAGES
DE LA FAMILLE ROYALE
SUJETS HISTORIQUES SUR LE ROI ET LA REINE,
SUR LA RÉVOLUTION, ETC.

ADAM

551 — *Marie-Christine*, archiduchesse d'Autriche.

Très belle épreuve, marges.

ALIBERT (A Paris, chez)

552 — *Louis XVI*. Grand in-fol. Sujet allégorique.

Très belle épreuve, marges. Rare.

AMICUS

553 — L'Hommage sincère.

Très belle épreuve, tirée en bistre, grandes marges.

ANONYMES

554 — *Famille de Louis XVI*. Pièce ovale en travers.

Très belle épreuve, marges. Rare.

555 — Saule pleureur. Mausolée allégorique sur la famille royale.

Très belle épreuve, marges.

556 — Mausolée devant la prison du temple.

Très belle épreuve, marges. Rare.

557 — *Louis XVI*, — *Marie-Antoinette*, — *Le Dauphin*. Médaillon sur un mausolée.

Très belle épreuve avant la lettre, toutes marges.

558 — *Marie Antoinette* dans sa prison, — Adieux de Louis XVI à sa famille. Deux pièces.

Très belles épreuves, toutes marges.

559 — Exemple d'humanité donné par Madame *la dauphine*.

Très belle épreuve, toutes marges.

ANONYMES

560 — Départ de la milice bourgeoise pour Versailles, le 5 octobre 1789. In-folio en largeur, dessiné sur le lieu par un amateur distingué. En couleur.

Très belle épreuve, grandes marges. Cette pièce et la suivante sont de la plus grande rareté.

561 — Entrée du roi à Paris, le 6 octobre 1789. In-fol., en largeur, dessiné sur le lieu par un amateur distingué. En couleur.

Très belle épreuve, marges.

562 — *Louis XVI* recevant Franklin. Pièce allégorique sans aucune lettre.

Très belle épreuve, marges.

563 — Sacre de *Louis XVI* à Reims. Huit pièces.

Belles épreuves, toutes marges.

564 — Siège de Lille. — *Christine d'Autriche* mettant le feu à un mortier. In-fol. en travers.

Très belle épreuve, toutes marges. Rare.

565 — Fête du 14 juillet, an IX, — Vue du temple élevé dans le grand carré des Champs-Elysées. Très jolie pièce en couleur.

Belle épreuve, marges.

566 — Feu d'artifice, — Calendrier des deux styles. Deux pièces en couleur.

Très belles épreuves, marges.

567 — Vue brillante de l'anniversaire du 14 Juillet 1801. Deux pièces coloriées.

Belles épreuves.

568 — La Grande aiguiserie royale de poignards anglais. Coloriée.

Très belle épreuve, grandes marges. Très rare.

569 — Prise de la Bastille.

Très belle épreuve en bistre, marges.

ANONYMES

570 — Ainsi va le Monde. Dédié à tout ce qui reste de princes et de potentats en Europe.

> Très belle épreuve, marges.

571 — Plan de la Bastille, avec la construction découverte dans la démolition du bastion. Deux pièces.

> Belles épreuves.

572 — Défaite des contre-révolutionnaires commandés par le petit Condé. Pièce in-fol., en travers, gravée à l'eau-forte.

> Très belle épreuve. Rare.

573 — Grande arrivée du ci-devant prince de Condé. Pièce in-fol., en travers, gravée à l'eau-forte.

> Très belle épreuve. Rare.

574 — La Contre-révolution. Pièce in-fol. en travers, gravée à l'eau-forte.

> Très belle épreuve. Rare.

575 — Convoi de très haut et très puissant seigneur des Abus.

> Très belle épreuve en bistre, marges.

576 — Portraits des personnages qui ont figuré dans le procès du Collier. Suite complète de 25 portraits.

> Belles épreuves. Rares.

577 — Portraits des personnages du procès Cadoudal. Vingt-huit pièces.

> Très belles épreuves, toutes marges.

578 — *Charlotte Corday.* Très joli portrait.

> Très belle épreuve, grandes marges. Rare.

579 — *Necker.* Très joli portrait, en couleur.

> Très belle épreuve, grandes marges. Rare.

580 — Vue du Champ de Mars, le 20 prairial, l'an deux de la république, — Le 18 brumaire, — Assassinat de Marat, etc. Cinq pièces.

> Belles épreuves.

ANONYMES

581 — Journée du Champ de mai, année 1815.
Très belle épreuve, marges.

582 — *French liberty*. Caricature anglaise sur la révolution.
In-fol. en travers.
Très belle épreuve, marges. Rare.

AUBIN ET PHÉLIPART

583 — *Louis XVI*, — *Marie-Antoinette*. Deux pièces à la plume.
Belles épreuves, grandes marges. Très rares.

AUDINET

584 — *J. B. Cléry*, dernier serviteur de Louis XVI, d'après Danloux.
Très belle épreuve, toutes marges. Rare.

BARTOLOZZI

585 — *La Reine* est traînée en prison. En couleur.
Belle épreuve.

BASSET (A Paris, chez)

586 — La Justice, — La Raison, — La Liberté, — l'Egalité, — La Nature, — La Vérité. Six pièces en bistre.
Très belles épreuves, marges.

BENAZECH

587 — La Séparation de *Louis XVI*, de sa famille, par Cardon.
Très belle épreuve, marges.

BERTAULT

588 — Prise de la Bastille.
Belle épreuve, marges.

BOILLET

589 — *Necker*. Très beau portrait, en couleur.
Belle épreuve, toutes marges. Rare.

BONNET

590 — *Marie-Antoinette*, d'après Vanloo. Portrait à la manière du crayon.

> Superbe épreuve, toutes marges, de la plus grande rareté.

591 — *Marie-Thérèse*, comtesse d'Artois, — *Charles-Philippe* de France, comte d'Artois. Deux pièces.

> Très belles épreuves, marges, Très rares.

592 — La Reine *Marie-Antoinette*, le Roi *Louis XVI*, accompagnés de leurs enfants, de *Madame Elisabeth* et de la duchesse de *Polignac*, assistent à une réprésentation à l'Opéra. Pièce en couleur, d'après Hambert.

> Superbe épreuve, toutes marges. Très rare.

593 — La Reine-*Marie Antoinette* et les mêmes personnages assistent à une représentation théâtrale. Cette pièce, formant pendant avec la précédente, est également d'après Hambert. En couleur.

> Superbe épreuve, toutes marges. Très rare.

BRÉHAN (Mme la marquise de)

594 — *Marie-Antoinette* à la Conciergerie, par Kéating.

> Très belle épreuve, marges.

BRION

595 — Assassinat de Michel *Lepelletier*, — Assassinat de *Marat*. Deux pièces.

> Belles épreuves, marges.

BROOKSHAW

596 — *Marie-Antoinette*, reine de France.

> Très belle épreuve, marge.

CANU

597 — *Le duc d'Enghien* présenté à ses ancêtres, pièces diverses se rapportant à la famille royale. Dix pièces.

598 — Mausolée, — Allégorie sur la mort de la famille royale.

> Très belle épreuve avant la lettre, marges. Très rare.

CASENAVE

599 — *Marié-Antoinette*, — *Louis XVI*, d'après Lebarbier. Bustes plus forts que nature. Gravé au crayon noir.

Superbes épreuves avant la lettre, marges. Rares.

CHAPUY

600 — La Constitution, d'après Lebarbier. En couleur.

Très belle épreuve avant la lettre, marges.

601 — Vue perspective du Champ de Mars, le jour du serment civique, d'après Leroy.

Très belle épreuve en couleur, petites marges.

CHÉREAU (A Paris, chez)

602 — La Constitution paraît sur un piédestal, etc. Très curieuse pièce in-fol., en travers.

Très belle épreuve, toutes marges. Rare.

CLAESSENS

603 — *Marie Antoinette*, — *Louis XVI*, — *Le Dauphin*. Trois pièces, d'après le comte de Novion.

Très belles épreuves, toutes marges. Rares.

604 — *Marie-Antoinette*, d'après le comte de Novion.

Belle épreuve.

605 — *Marie-Antoinette*, — *Louis XVI*, d'après Boze et Curtis.

Belles épreuves.

606 — *Madame Elisabeth*, d'après Sauvage.

Très belle épreuve, grandes marges.

COPIA

607 — Le Maréchal ferrant de la Vendée.

Belle épreuve, marges.

DEMARTEAU

608 — Le *Dauphin* sous la figure de l'Amour, et la *Dauphine* sous la figure de l'Amitié. Sujet allégorique, d'après Guérin.

Très belle épreuve, grandes marges.

DESRAIS

609 — Vue de la grande parade passée par le premier Consul,
par Lebeau.

> Très belle épreuve, toutes marges.

DUPLESSIS-BERTAUX WINKLESS

610 — Scènes de la révolution. Vingt-neuf pièces.

> Belles épreuves, marges.

DUPLESSIS

611 — La Révolution française, dédié aux amis de la Constitution. Grand in-fol., en travers.

> Très belle épreuve, marges.

612 — A la nation française les protestants reconnaissants.
Grand in-fol. en largeur.

> Très belle épreuve, marges. Rare.

ESNAULT et RAPILLY (A Paris, chez)

613 — *Marie-Antoinette*, reine de France.

> Très belle épreuve, marges.

614 — Jeanne de Saint-Remy de Valois, *comtesse de la Motte*.
> Très belle épreuve, grandes marges.

GABRIELLI

615 — *Marie-Thérèse-Charlotte*, d'après Miery.
> Très belle épreuve, toutes marges.

GAUCHER

616 — Le Rappel de M. *Necker*.
> Très belle épreuve, marges.

GILBERT

617 — Projet de législature. En couleur.
> Belle épreuve, coupée au trait carré.

GIRAUD (le jeune)

618 — Vue du Champ de Mars, le 14 juillet 1790, — Pacte fédé-
ratif des Français, le 14 juillet 1790. Deux pièces.
>Belles épreuves, marges.

HAINES

619 — *Marie-Antoinette. — Louis XVI*. Deux pièces.
>Très belles épreuves, marges. Très rares.

JANINET

620 — L'Arrêt du destin, d'après Brion de la Tour. En bistre.
>Très belle épreuve, grandes marges.

621 — Apothéose de *Mirabeau*, en bistre.
>Très belle épreuve, petites marges.

622 — Projet d'un palais de législature, d'après Gilbert. En
couleur.
>Belle épreuve, marges.

LEBEAU

623 — *Marie-Antoinette*, d'après Maupérin.
>Très belle épreuve, remargée. Rare.

624 — *Marie-Antoinette*, reine de France.
>Belle épreuve, marges.

625 — *Elizabeth de France*, d'après Fontaine.
>Très belle épreuve. Rare.

LECLERC

626 — Droit de l'homme.
>Belle épreuve.

LEGOUX

627 — *Marie-Antoinette*, d'après la marquise de Lezai Mar-
nézia.
>Très belle épreuve, grandes marges.

LEROY

628 — Manufacture nationale, — Fabrication particulière de nécessaires à barbe et de rasoirs.

Très belle épreuve, grandes marges. Rare.

LEVACHEZ

629 — Charlotte Corday,—Marie-Antoinette,—Cécile Renaud, Mme Roland, — Philippe-Égalité, — Lafayette, — Robespierre, — Marat, — Louis XVI, etc. Ensemble cinquante pièces.

Très belles épreuves, marges.

LOUVION

630 — *Louis XVI.* — Médaillon sur un tombeau.

Très belle épreuve, marges.

MARTINET (A Paris, chez)

631 — Ah! ah! c'est l'Histoire de France depuis le 21 janvier jusqu'à ce jour, — Voyons ça. Colorié.

Très belle épreuve, grandes marges.

MOITTE

632 — Choix de sujets pour l'histoire de la Révolution française. Trois pièces.

Très belles épreuves, toutes marges.

MONNET

633 — Journée du 16 octobre 1793. (Exécution de *Marie-Antoinette*), par Helman.

Très belle épreuve, marges.

MONNET (attribué à)

634 — République française, — Constitution de l'an VIII. In-fol. en travers.

Très belle épreuve avant la lettre, marges. Rare.

MONNIER (L.)

635 — Groupe placé dans le Temple de la Félicité publique, à l'occasion de la naissance du duc d'Enghien, d'après Le Jolivet.

Très belle épreuve, marges.

MOREAU (le jeune)

636 — Décoration du sacre de Louis XVI, à Reims.

Très belle épreuve ancienne, grandes marges.

637 — Les Vœux accomplis, par Simonnet.

Belle épreuve, marges.

638 — Constitution de l'Assemblée nationale, — Ouverture des États Généraux. Deux pièces.

Belles épreuves, grandes marges.

MOSSA

639 — Les Regrets de la France.

Très belle épreuve, marges.

NÉE ET MASQUELIER

640 — Français, votre roi jure de vous rendre heureux, d'après Monnet.

Belle épreuve, marges.

641 — Les Garants de la félicité publique, — Les Vœux du peuple confirmés par la religion. Deux pièces, d'après Monnet.

Belles épreuves.

PÉLICIEN

642 — Dernières paroles de *Marie-Antoinette*, formant son profil.

Belle épreuve.

PEYROTTE

643 — Le Conseil des singes, dédié à MM. les nouvellistes de l'Arbre de Cracovie.

Belle épreuve, marges.

SAINT-AUBIN

644 — *Louis XII. — Henri IV, — Louis XVI*, d'après Sauvage.

Très belle épreuve avec la tablette blanche, toutes marges.

SCHIAVONETTI

645 — *Marie-Antoinette*, reine de France.

Très belle épreuve, marges.

646 — Mort de J. Paul *Marat*.

Très belle épreuve, grandes marges.

SERGENT

647 — Necker, d'après Duplessis. En couleur.

Belle épreuve, marges.

TASSAERT

648 — *Charlotte Corday*, d'après Hauer, avec la scène de l'assassinat.

Très belle épreuve, marges.

TAUNAY

649 — Représentation exacte du grand collier en brillants des sœurs Boëhmer et Bassenge.

Très belle épreuve, toutes marges. Très rare.

VAN GORP

650 — Les Douceurs de la fraternité.

Très belle épreuve, grandes marges.

VERZY

651 — *Marie-Antoinette, — Louis XVI, — Le Dauphin.* Médaillon sur un bas-relief.

Très belle épreuve, toutes marges.

VIGÉE-LEBRUN

652 — *Marie-Antoinette.* — Dessin. — Esquisse au crayon.

VILLENEUVE

653 — *Marat.* — Médaillon sur un tombeau.

Très belle épreuve, marges. Très rare.

WALBAUMM

654 — *Marie-Antoinette.* — *Louis XVI,* — *Le Dauphin.* Médaillon ovale.

> Rare.

WINKLESS

655 — Adieux de *Louis XVI*, Séparation, — Exécution, etc. Quatre pièces.

> Belles épreuves.

656 — *Marie-Antoinette, le Dauphin et la Dauphine* dans la prison du Temple.

> Très belle épreuve avant la lettre, toutes marges.

657 — Vie du diacre **Paris**. Seize pièces, plus le titre avec le portrait.

> Très belles épreuves, toutes marges.

658 — Type de la Religion, — Estampe d'un tableau trouvé dans l'église des ci-devant soi-disant jésuites de Billom, en Auvergne, l'an 1762.

> Très belle épreuve, toutes marges.

GRAVURES ENCADRÉES

659 — Les amours de Psyché et de Cupidon, par Mariage, d'après Raphaël. Six pièces, cadres dorés.

660 — Assomption de la Vierge, par Laugier, d'après Le Poussin.

661 — Jésus-Christ et la femme adultère, par Mariage, d'après Le Poussin. Cadre doré.

662 — Mercure endormant Argus, d'après Steuben. Cadre doré.

663 — Vénus et l'Amour, d'après Vigée Lebrun. Cadre doré.

664 — Henri IV, d'après Porbus, par Audoin. Cadre doré.

LIVRES ILLUSTRÉS

RECUEIL DE GRAVURES

665 — *Allard* (Ch. et Ab.) Le Monde représenté en ses parties, éléments, saisons, métiers, masquerades et ballet d'amour. Recueil de quarante gravures de l'époque de Louis XIV.

666 — *Arnaud* (d') Nouvelles historiques. Quatre vol., figures d'Eisen et de Marillier, broché.

667 — *Barleus* (Gaspar). Marie de Médicis entrant dans Amsterdam ou histoire de la réception faite à la reine mère, par les bourgmaistres et bourgeois de la ville d'Amsterdam, 1638. Un volume. Ouvrage orné de très jolies gravures.

668 — *Basan*. Catalogue raisonné de son cabinet avec le frontispice de Choffard et le portrait de Basan. Un vol. cartonné.

669 — *Bosio* (*Antonio*). Rome souterraine. Chez Guillaume Facciotti 1632. Gr. vol. in-fol., relié en veau.

670 — *Charnois* (de). *Costumes* et annales des grands théâtres de Paris. Quatre volumes, à Paris, chez Janinet. Cent dix-sept portraits et figures en couleur. Cartonné.

671 — *Chery*. Recherches sur les costumes et sur les théâtres de toutes les nations, avec estampes en couleur, par Alix. ouvrage orné de 49 gravures. Deux vol. brochés, à Paris chez Drouhin, 1790.

672 — *Duhamel*. Cabinet des modes nouvelles. Un vol. 1786. Trente costumes en couleur.

673 — *Chappe d'Auteroche* (L'abbé). Voyage en Sibérie 1768. Quatre vol. et atlas, chez Debure, fig. de Leprince, relié.

674 — Le Petit Courrier des Dames, de 1827 à 1829. Soixante seize livraisons, avec gravures coloriées.

675 — Le Mercure des salons 1830. Vingt-cinq livraisons avec gravures coloriées.

LIVRES ILLUSTRÉS

676 — *Couché* J. La galerie du Palais-Royal. Un vol. cartonné avec le frontispice de Choffard et quatre vingts gravures.

677 — *Curmer*. Les Beaux-arts et l'industrie. Quarante livraisons avec gravures.

678 — Delachenaye. Abecédaire de Flore ou langage des fleurs. A Paris, chez Didot l'aîné, 1811. Un volume cartonné.

679 — *Delorme* (Philibert). Le premier tome de l'architecture 1568. Chez Féderic Morel. Ouvrage orné de nombreuses figures, notamment de cheminées. Complet.

680 — *Dorat*. Œuvres mêlées, deux vol. 1767, avec le portrait de l'auteur, par St-Aubin.

681 — Théâtre. Deux vol. 1776, 1777.

682 — Mes fantaisies, 1770. Un vol.

683 — Les Baisers, suivi des lettres d'une chanoinesse et de ma philosophie. Un vol.

684 — La Déclamation théâtrale. Un vol. 1771.

685 — Mes nouveaux torts, — Les Victimes de l'amour. Un volume.

686 — Recueil de contes, — Irza et Marsis, — Alphonse V, — Les Cerises, etc. Un vol.

687 — Les Malheurs de l'inconstance. Deux vol. 1772.

688 — *Emblémata*. Cum aliquot, etc. Antverpiæ ex officina, Christophori Plantini, 1564. Un vol. orné de très jolies gravures sur bois.

689 — *Ferraro*. Ouvrage spécial consacré aux mors et brides, à Venise 1520. Un vol. orné de nombreuses gravures.

690 — *La Fontaine*. Contes et nouvelles. Figures de Cochin, Amsterdam 1776. Deux vol. maroquin.

691 — *Leblond*. Architecture ancienne et moderne. Un vol. 1683. Planches et texte gravés.

LIVRES ILLUSTRÉS

692 — *Lepinois* (Le chevalier de). Souvenirs de Coucy (Aisne) 1834.

693 — *Mortier* (Pierre). Histoire de l'Ancien et du Nouveau-Testament, à Amsterdam, 1700. 2 volumes reliés en un seul.
> Bel exemplaire avant les clous.

694 — *Motte* (de la). Fables nouvelles dédiées au roi, figures de Gillot. A Paris, chez Gr. Dupuis, 1719. 1 volume, reliure fatiguée.

695 — Onuphrii Panuini Veronensis. A Venise, 1600.

696 — *Pinelli*. Recueil de gravures. — Scènes du carnaval, à Rome, etc. — Cinquante planches. 1 vol. oblong cartonné.

697 — *Rétif de la Bretonne*. Le Paysan perverti. 4 vol. brochés.

698 — *Robertson* (W.). Designs in architecture. London, 1800. Ouvrage orné de jolies gravures en couleur. 1 vol. oblong.

699 — *Rousseau*. — La Nouvelle Héloïse, 3 vol. Figures de Martinet.

700 — *Rowlandson*. Naples, and the campaigna Félice. Londres, chez Ackerman, 1815. — Ouvrage orné de gravures en couleur, par Rowlandson.

701 — *Scamozzi*. Architecture Vicenza, 1756, 1 vol.

702 — *Tressan*. OEuvres choisies, 10 vol., avec figures de Marillier. — Belle reliure en veau, tranche dorée.

703 — *Voltaire*. La Pucelle d'Orléans. — Figures de Gravelot, 1762, 1 vol.

704 — Sous ce numéro, il sera vendu un grand nombre d'estampes de toutes les écoles et les portefeuilles de la collection.

Imprimerie PILLET et DUMOULIN, rue des Grands-Augustins, 5, à Paris.

9 782329 501451